ERLEBNIS FURKA-OBERALP-BAHN

Bruno Hitz · Rudolf Weber

Orell Füssli

Umschlag-Vorderseite: Deh 4/4 II 93 mit einem Regionalzug nach Disentis unterhalb der Station Nätschen.

Couverture: Un train régional tracté par une Deh 4/4 II 93 se dirige vers Disentis en aval de la station de Nätschen.

Front cover: Deh 4/4 II No. 93 below Nätschen Station with a local train for Disentis.

Umschlag-Rückseite: Der mit einem Zweitklasswagen verstärkte BDeh 2/4-Pendelzug überquert den Rottenviadukt oberhalb von Grengiols.

Verso de la couverture: Renforcée par une voiture de seconde classe, la navette BDeh 2/4 franchit le viaduc sur le Rhône en amont de Grengiols.

Back cover: A BDeh 2/4-powered push-pull service, augmented by a Second Class coach, crosses the Rhone Viaduct above Grengiols.

Streckenplan
Schwarz: FO-Strecke
Rot: Furka-Bergstrecke

Plan des lignes
Noire: Ligne FO
Rouge: Tronçon de montagne de la Furka

Route network
Black: Furka-Oberalp Railway
Red: Furka mountain section

Karte: Hallwag AG, Bern

Übersetzung:
Henri-Daniel Wibaut (französisch)
Paul Day (englisch)

Grafik: Heinz von Arx, Zürich
Satz: B&K Offsetdruck GmbH, Ottersweier
Lithos: Horisberger AG, Niederglatt
Druck: Uhl GmbH & Co., Radolfzell
Printed in Germany
ISBN 3 280 02036 0

Inhalt

Sommaire

Contents

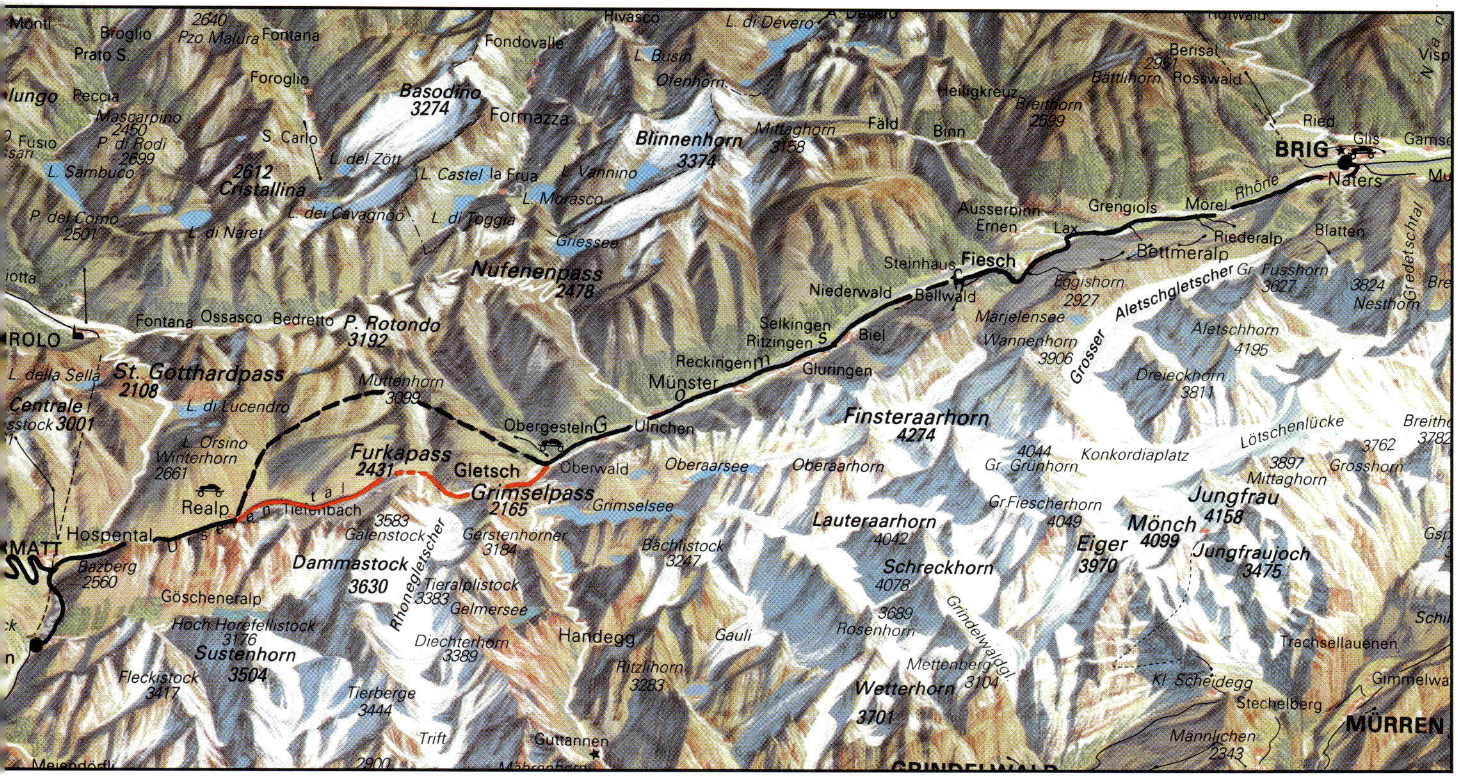

1

Brig – Oberwald

In Brig, der größten Ortschaft des Oberwallis, treffen verschiedene berühmte Bahnlinien zusammen. Von der Landeshauptstadt Bern führt die Lötschberg-Bahn, die in den letzten Jahren durchgehend auf Doppelspur ausgebaut wurde, nach Brig. Von Lausanne aus erreicht die SBB-Linie Brig, um anschließend durch den Simplontunnel nach Italien weiterzuführen. Wenn der Reisende das Briger Bahnhofsgebäude verläßt, trifft er auf die etwas provisorisch anmutende Endstation der beiden bekannten Bahngesellschaften «Furka – Oberalp-Bahn» (FO) und «Brig – Visp – Zermatt-Bahn» (BVZ). Folgen wir nun der Strecke der FO durch das Goms Richtung Andermatt.

Kurz nach der Ausfahrt aus dem Bahnhof Brig überquert die Bahnlinie ein erstes Mal die Rotten (Rhone) und erreicht Naters, den Nachbarort von Brig. Dem Lauf der Rotten folgend gelangt der Zug über Mörel zur Haltestelle Betten, wo sich die Talstation der Luftseilbahn nach Bettmeralp befindet.

Oberhalb von Grengiols kreuzt die Bahn kurz nach der Zahnstangeneinfahrt auf einem imposanten Viadukt die Rotten, um anschließend in einem Kehrtunnel eine Talstufe zu überwinden.

Nun folgen die beiden beliebten Ferienorte Lax und Fiesch. Später steigt die Bahnlinie über ein weiteres Streckenstück mit Zahnstange ins weite Tal des Obergoms empor.

In zügigem Tempo eilt der Zug an malerischen Walliser Dörfern wie Niederwald, Blitzingen, Selkingen, Biel, Gluringen und Reckingen vorbei, um in Münster, der größten Siedlung im Obergoms, anzukommen. Von hier aus geht es weiter nach Geschinen, Ulrichen, Obergesteln und schließlich Oberwald, der letzten Station vor dem Furka-Basistunnel.

Brigue – Oberwald

Brigue, principale localité du haut Valais, est le point de rencontre de plusieurs lignes ferroviaires célèbres. De la capitale, Berne, vient la ligne du Lötschberg, aménagée en double voie sur toute sa longueur au cours des dernières années. En provenance de Lausanne, la ligne des CFF traverse Brigue avant de poursuivre vers l'Italie par le tunnel du Simplon. En quittant la gare de Brigue, le voyageur rencontre le terminus, d'aspect quelque peu provisoire, des deux illustres sociétés ferroviaires «Furka – Oberalp» et «Brigue – Viège – Zermatt». Suivons maintenant le tracé de la FO à travers la vallée de Conches en direction d'Andermatt.

Au sortir de la gare de Brigue, la voie franchit le Rhône une première fois et atteint le bourg voisin de Naters. En remontant le cours du fleuve, le train parvient d'abord à Mörel puis à la station de Betten, d'où l'on peut gagner Bettmeralp en téléphérique.

En amont de Grengiols, peu après le début du tronçon à crémaillère, un imposant viaduc permet à la ligne de traverser le Rhône avant de monter d'un niveau grâce à un tunnel hélicoïdal.

Après avoir découvert les deux stations populaires de Lax et de Fiesch, la ligne grimpe jusqu'à la haute vallée de Conches en empruntant un nouveau tronçon à crémaillère.

Le train file ensuite par de pittoresques villages valaisans, tels que Niederwald, Blitzingen, Selkingen, Biel, Gluringen et Reckingen, avant d'atteindre Münster, le plus important bourg de la haute vallée de Conches. De là, la ligne gagne Geschinen, Ulrichen, Obergesteln et enfin Oberwald, dernière station avant le tunnel de base de la Furka.

From Brig to Oberwald

Brig, the largest town in the Upper Valais, is the meeting point of a number of well-known railways. From the Swiss capital of Berne comes the Lötschberg Railway, whose track was doubled throughout its length in the last few years. The Swiss Federal Railways line sweeps in from Lausanne before continuing through the Simplon Tunnel and on to the Italian border.

Adjacent to the standard-gauge station is the more modest terminus of two further famous railways, the Furka – Oberalp (FO) and the Brig – Visp – Zermatt (BVZ). Our journey takes us on the FO, as we follow the youthful River Rhone up the Goms Valley towards Andermatt.

After leaving Brig Station, the FO makes its first crossing of the Rhone to gain the northern bank and serve the neighbouring village of Naters. The line then follows the Rhone up the valley, passing through Mörel to Betten Halt, alighting point for the cable-car ascent to the Bettmeralp.

The line climbs through Grengiols, and then enters its first rack-and-pinion section. The Rhone is crossed once again – this time on an impressive viaduct – before the train dives into a spiral tunnel to surmount a sudden rise in the valley floor.

We then pass through the popular holiday resorts of Lax and Fiesch before ascending on a further rack-and-pinion section into the broad Upper Goms Valley.

Our train picks up speed now as we forge past the picturesque Valais villages of Niederwald, Blitzingen, Selkingen, Biel, Gluringen and Reckingen, before arriving in Münster, the biggest settlement in the Upper Goms Valley. From here the line continues its ascent to Geschinen, Ulrichen, Obergesteln and finally Oberwald, last stop before the Furka Base Tunnel.

2

◁**1** Farbige Herbstbäume prägen das Bild eines Deh 4/4 I-Pendelzuges im engen Taleinschnitt zwischen Betten und Mörel.

Les couleurs de l'automne dominent l'étroite vallée entre Betten et Mörel, traversée par une navette Deh 4/4 I.

Autumn hues are much in evidence as a Deh 4/4 I push-pull train negotiates the narrow valley section between Betten and Mörel.

2 Friedlich vereint warten im Bahnhof Brig ein «Krokodil» der Brig–Visp–Zermatt-Bahn (BVZ) und eine HGe 4/4 I der FO auf die Abfahrtszeiten.

Dans la gare de Brigue, un «crocodile» de la ligne Brigue – Viège – Zermatt (BVZ) et une HGe 4/4 I de la FO se côtoient paisiblement dans l'attente du départ.

Friendly rivals at Brig: a "Crocodile" of the Brig – Visp – Zermatt Railway and an HGe 4/4 I of the Furka-Oberalp waiting for the off.

3

3 Lediglich aus einer HGe 4/4 II und einem Steuerwagen bestand am 17. Oktober 1989 die Glacier-Express-Doppelführung, die hier die Massa-Brücke unterhalb Bitsch passiert.

Le 17 octobre 1989, le doublement du Glacier-Express ne se composait que d'une HGe 4/4 II et d'une remorque à poste de commande; il franchit ici le pont sur la Massa en aval de Bitsch.

Glacier Express services are often run in two separate portions, one for individual travellers and one for group bookings. The second portion consists solely of an HGe 4/4 II plus driving trailer on October 17, 1989. The train is seen at the Massa Bridge, below Bitsch.

4

5

6

4/5 Beide Bilder entstanden zwischen Mörel und Bitsch in unmittelbarer Nähe der historischen Kapelle Hohenflüh.

Ces deux photos ont été prises entre Mörel et Bitsch à proximité immédiate de la chapelle historique de Hohenflüh.

Two views of the line near the historic chapel of Hohenflüh between Mörel and Bitsch.

6 Die frisch revidierte HGe 4/4 I 36 durchfährt mit dem Nachmittagsgüterzug 4633 die Haltestelle Bitsch Richtung Brig.

La HGe 4/4 I 36, fraîchement révisée, et le train de marchandises de l'après-midi 4633 traversent la station de Bitsch en direction de Brigue.

Newly-outshopped HGe 4/4 I No. 36 passes through Bitsch Halt with afternoon freight 4633 for Brig.

Furka-Oberalp
Furka-Oberalp

FO
Furka-Oberalp

◁**7** Das mächtigste Bauwerk der FO aus der Vogelperspektive: Deh 4/4 II Pendelzug auf dem 96 m langen Grengiols-Viadukt I.

Vue aérienne du plus puissant ouvrage de la FO: une navette Deh 4/4 II franchit le viaduc de Grengiols I, d'une longueur de 96 m.

The FO's biggest civil engineering structure from the air: the 96-metre-long Grengiols Viaduct No. 1, with a Deh 4/4 II push-pull service passing across.

8

8 Der von Zermatt kommende Glacier-Express mit einer HGe 4/4 II an der Spitze fährt am Dorf Lax vorbei.

En provenance de Zermatt, le Glacier-Express et sa HGe 4/4 II passent devant le village de Lax.

The Glacier Express from Zermatt passes the village of Lax with an HGe 4/4 II in charge.

9

9 In der Station Lax genießt der Lokführer des Güterzuges nach Brig die wärmende Novembersonne.

Dans la station de Lax, le mécanicien du train de marchandises en direction de Brigue savoure la chaleur du soleil de novembre.

The driver of a Brig-bound freight catches a spot of warm November sunshine at Lax.

Furka-Oberalp
36

◁ **10** An den verkehrsreichen März-Samstagen ist die FO auf zusätzliches Wagenmaterial ihrer beiden Nachbarbahnen RhB und BVZ angewiesen: Im Bild sehen wir einen fast ausschließlich aus RhB-Wagen bestehenden Regionalzug bei Lax.

Lorsque le trafic se fait dense les samedis de mars, la FO doit faire appel à des voitures supplémentaires des lignes voisines RhB et BVZ: ici, près de Lax, un train régional est composé presque exclusivement de voitures de la RhB.

On busy Saturdays in March, the FO regularly borrows carriages from the neighbouring Rhaetian and Brig – Visp – Zermatt railways. This local, pictured near Lax, consists almost entirely of Rhaetian Railway stock.

11

11 Zwischensaison-Glacier-Express mit vier FO-Wagen auf dem Fieschbach-Viadukt oberhalb Fiesch.

A la mi-saison, un Glacier-Express, composé de quatre voitures de la FO, franchit le viaduc du Fieschbach en amont de Fiesch.

Glacier Express off-season: a four-coach all-FO train crosses the Fieschbach Viaduct above Fiesch.

12

12 Im steilen Zahnstangenstück zwischen Fürgangen und Fiesch kommt uns hier die HGe 4/4 II 108 mit dem Glacier-Express nach Zermatt entgegen.

Sur le tronçon à crémaillère entre Fürgangen et Fiesch, la HGe 4/4 II 108 et le Glacier-Express grimpent á notre rencontre en direction de Zermatt.

HGe 4/4 II No. 108 brings the Zermatt-bound Glacier Express down the steep rack-and-pinion section between Fürgangen and Fiesch.

13

Alle Bilder auf dieser Doppelseite entstanden im Bereich der Station Biel:

Toutes les photos de cette double page ont été prises aux abords de la station de Biel:

At and around Biel Station:

13 Ein Deh 4/4 II-Pendel verläßt die Station in Richtung Oberwald.

Une navette Deh 4/4 II quitte la station en direction d'Oberwald.

A Deh 4/4 II-powered push-pull unit leaves Biel for Oberwald.

14 Ausnahmsweise führte am 13. Dezember 1984 eine der beiden großen Diesellokomotiven, die HGm 4/4 62, den Güterzug Oberwald–Brig.

Exceptionnellement, le 13 décembre 1984, une des deux grosses motrices diesel, la HGm 4/4 62, tirait le train de marchandises Oberwald–Brigue.

HGm 4/4 No. 62, one of the FO's two large diesels, unusually heads the Oberwald–Brig freight on December 13, 1984.

15 Seit der Fertigstellung des Furka-Basistunnels im Jahre 1982 werden die beiden Dieselloks 4971 und 4972 vor allem für Bauzüge eingesetzt.

Depuis l'achèvement du tunnel de base de la Furka en 1982, les deux locomotives diesel 4971 et 4972 servent surtout aux trains de travaux.

Tm 2/2 diesels Nos. 4971/4972 have been largely confined to works trains since the Furka Base Tunnel was completed in 1982.

14

15

16

16 Der Glacier-Express hat soeben das Obergommer Dorf Reckingen hinter sich gelassen und strebt nun Oberwald zu. Im Hintergrund ist noch das 4505 Meter hohe Weißhorn zu sehen.

Dans la haute vallée de Conches, le Glacier-Express vient de quitter le village de Reckingen en direction d'Oberwald. A l'arrière-plan, on peut encore voir le Weisshorn (4505 m).

The Glacier Express has left the Upper Goms village of Reckingen as it tackles the grade to Oberwald. The 4505-metre Weisshorn is visible behind.

17

17 Während der BDeh 2/4 44 in die Station Münster einfährt, wartet bereits ein Allradfahrzeug, um das ankommende Reisegepäck ins Dorf zu transportieren.

Tandis que la BDeh 2/4 44 entre en gare de Münster, un véhicule 4 x 4 attend déjà les bagages à transporter dans le village.

BDeh 2/4 No. 44 rolls into Münster Station, while an all-wheel-drive vehicle waits to take luggage on to the village.

18

18 Ein Deh 4/4 I-Pendelzug unterhalb von Münster.

Une navette Deh 4/4 I en amont de Münster.

A Deh 4/4 I push-pull service seen below Münster.

19

20

21

19 Das Obergoms ist im Winter vor allem wegen seinen herrlichen, ausgezeichnet präparierten Langlaufloipen ein beliebtes Reiseziel. Im Bild ein Regionalzug bei Gluringen.

En hiver, la haute vallée de Conches est une destination très appréciée, surtout en raison de ses superbes pistes de ski de fond, parfaitement préparées. Sur la photo, un train régional près de Gluringen.

With its superbly-prepared cross-country ski trails, the Upper Goms Valley is a popular winter sports destination. Our picture shows a local train at Gluringen.

20 Reisegepäck-Extrazug mit HGe 4/4 I 36 bei Gluringen.

Train supplémentaire à bagages et HGe 4/4 I 36 près de Gluringen.

A baggage special at Gluringen with HGe 4/4 I No. 36 in charge.

21 Die HGe 4/4 I 31 führt einen bunt zusammengestellten Regionalzug bei Obergesteln talwärts.

Près d'Obergesteln, la HGe 4/4 I 31 emmène un train hétéroclite en direction de la vallée.

HGe 4/4 I No. 31 eases a colourful local service down the valley near Obergesteln.

Fit + frisch mit HIRZ

FO

◁**22** Der Kühlwagen-Lastenzug hinter der Ge 4/4 III 81 «Wallis» hat am frühen Morgen das Oberwallis mit frischen Milchprodukten versorgt und läßt sich nun mit dem Autozug der FO durch den Furka-Basistunnel nach Realp transportieren.

Derrière la Ge 4/4 III 81 «Wallis», le camion à remorque réfrigérée a approvisionné, tôt le matin, le haut Valais en produits laitiers frais; il est maintenant transporté par le train porte-voitures de la FO dans le tunnel de base de la Furka, en direction de Realp.

The refrigerated road train behind Ge 4/4 III No. 81 "Wallis" will have delivered fresh dairy products to the Upper Valais early in the morning. Now it rides the FO's "motorail" service through the Furka Base Tunnel to Realp.

23

23 Der gleiche Zug wie auf Bild 22 beim Verlassen des 672 m langen Umfahrungstunnels von Oberwald. Am oberen Bildrand ist die seit 1981 stillgelegte Furka-Bergstrecke sichtbar.

Le même train que sur la photo 22 quitte le tunnel de contournement d'Oberwald, long de 672 m. En haut de la photo, on aperçoit la ligne de montagne de la Furka, abandonnée depuis 1981.

The same train as in Plate 22 leaves the 672-metre tunnel bypassing the village of Oberwald. The old mountain section of the line, abandoned in 1981, can be seen at the top of the picture.

24

24 Kurz vor dem Westportal des Furka-Basistunnels überquert der Deh 4/4 II 91 den 60 Meter langen Goneri-Viadukt.

Peu avant l'entrée ouest du tunnel de base de la Furka, la Deh 4/4 II 91 franchit le viaduc de Goneri, d'une longueur de 60 m.

Deh 4/4 II No. 91 crosses the 60-metre-long Goneri Viaduct just before the western portal of the Furka Base Tunnel.

Furka-Oberalp

Oberwald – Realp (Bergstrecke)

In Oberwald, wo heute die Züge im Furka-Basistunnel verschwinden und erst kurz vor Realp wieder ans Tageslicht kommen, begann früher der Anstieg zum Furkapaß. Diese Strecke wurde bis Oktober 1981 befahren und war jeweils nur zwischen Ende Mai und Mitte Oktober geöffnet.

Heute gehört dieser eindrückliche Abschnitt der Dampfbahn-Furka-Bergstrecke AG (DFB), der kürzlich auch die Konzession für die Linie Oberwald – Realp erteilt wurde.

Nach Oberwald steigt die Strecke der rechten Talseite entlang Richtung Gletsch, passiert die Rotten ein letztes Mal und überwindet im anschließenden Kehrtunnel eine Gefällstufe. Kurz darauf weitet sich das Tal, und die bekannte Station Gletsch ist erreicht. Oberhalb Gletsch schlängelt sich die Bahn der linken Talseite entlang, um schließlich nach «Muttbach – Belvédère», der letzten Haltestelle auf Walliser Seite, zu gelangen. Auf diesem Streckenstück bietet sich dem Reisenden ein herrlicher Blick auf den Talkessel von Gletsch und die hoch über dem Tal hängende Zunge des Rhonegletschers.

Durch den 1874 Meter langen Scheiteltunnel fährt der Zug zum höchsten Punkt der Strecke, der auf 2160 m ü. M. gelegenen Station Furka. Hier beginnt der lange Abstieg nach Realp (1538 m ü. M.). Auf dem Steinstaffelviadukt überquert die Bahn die noch junge Furkareuß und erreicht etwas weiter unten Tiefenbach.

In der nun folgenden engen Schlucht schmiegt sich die Bahnlinie an die rechte Talflanke. Auf der berühmten, im Winter zusammengeklappten Steffenbach-Brücke wird ein berüchtigter Lawinenzug überquert. Kurz darauf folgen drei kleine Tunnel und etwas weiter unten die zweite Furkareuß-Brücke. Nach einigen Kurven trifft der Zug in Realp ein.

Oberwald – Realp (tronçon de montagne)

A Oberwald, les trains disparaissent aujourd'hui dans le tunnel de base de la Furka et ne revoient la lumière du jour que peu avant Realp; autrefois y commençait l'ascension du col de la Furka. Ce tronçon imposant, exploité jusqu'en octobre 1981, n'était ouvert que de fin mai à mi-octobre.

Il appartient aujourd'hui à la Dampfbahn-Furka-Bergstrecke AG (DFB, «Ligne de montagne à vapeur de la Furka»), à qui a été aussi attribuée récemment la concession de la ligne Oberwald – Realp.

Après Oberwald, la voie longe le flanc droit de la vallée en direction de Gletsch, franchit le Rhône une dernière fois et grimpe d'un degré grâce à un tunnel hélicoïdal. Peu après, la vallée s'élargit, et le train atteint la célèbre station de Gletsch. En amont de Gletsch, il serpente ensuite le long du flanc gauche de la vallée avant de parvenir au Belvédère de Muttbach, dernier arrêt du côté valaisan. Le long de ce tronçon, le voyageur jouit d'une vue magnifique sur le cirque de Gletsch et le glacier du Rhône, qui surplombe la vallée.

D'une longueur de 1874 m, le tunnel de crête mène le train au point culminant de la ligne, la station de la Furka, située à 2160 m d'altitude, où débute la longue descente vers Realp (1538 m). Par le viaduc de Steinstaffel, la voie franchit la jeune Furkareuss et atteint Tiefenbach un peu plus bas.

Le long de l'étroite gorge, le chemin de fer se blottit contre le flanc droit de la vallée. Le célèbre pont repliable du Steffenbach permet de traverser un couloir d'avalanches mal famé. Peu après suivent trois petits tunnels et, plus bas, le deuxième pont sur la Furkareuss. Après quelques courbes, le train arrive à Realp.

From Oberwald to Realp (the Furka mountain section)

At Oberwald, FO trains now dive into the Furka Base Tunnel to emerge 15.4 kilometres later just before Realp. Before the tunnel opened in 1982, Oberwald was the start of the mountain section over the Furka Pass. This part of the line was only open from the end of May to mid-October each year.

The impressive high-level route is now in the hands of the "Dampfbahn-Furka-Bergstrecke AG", or Furka Mountain Steam Railway Ltd. The company was recently granted permission to reintroduce public services over the full length of the route.

Leaving Oberwald, the mountain section begins its climb towards Gletsch along the right-hand side of the valley. The Rhone is crossed one last time before the track enters a spiral tunnel to overcome a further rise in the valley floor. The valley opens out now, and soon we pull into Gletsch Station.

Above Gletsch, the line snakes along the left-hand valley side to arrive at Muttbach-Belvedere, last stop in Canton Valais. This stretch offers breathtaking views of the broad Gletsch Valley and, high above, the hanging snout of the Rhone Glacier.

The 1874-metre Summit Tunnel brings our train up to Furka Station, at 2160 metres above sea level the highest point on the railway. The line now begins its long descent to Realp, 1538 metres a.s.l.. The Steinstaffel Viaduct carries the route over the youthful Furka Reuss River, and soon the train eases into Tiefenbach Station.

The line now enters a narrow gorge, hugging the right-hand flank. Next comes the famous Steffenbach Bridge, folded away in winter to protect it from the avalanches that hurtle down its ravine. Three small tunnels follow before the second Furka Reuss Bridge. Then a few more curves, and our train pulls into Realp.

◁**25** Unterhalb von Gletsch führen Bahn und Straße durch schroffe Felsen hoch über der jungen Rotten.

En aval de Gletsch, la voie ferrée et la route, cheminant parmi des rochers escarpés, surplombent le jeune Rhône.

Below Gletsch, both road and rail hug the rugged valley side high above the youthful River Rhone.

26

26 In wenigen Minuten erreicht die HGe 4/4 I 33 mit dem Glacier-Express-Vorläufer Oberwald.

Dans quelques minutes, la HGe 4/4 I 33 et le précurseur du Glacier-Express atteindront Oberwald.

In a few minutes' time, HGe 4/4 I No. 33 will reach Oberwald with its train, the forerunner of today's Glacier Express.

27 Auf dem Weg Richtung Furkapass durchquert der Glacier-Express oberhalb von Oberwald die letzten Lärchenwälder im Obergoms.

Sur le chemin du col de la Furka, le Glacier-Express traverse les dernières forêts de mélèzes de la haute vallée de Conches, en amont d'Oberwald.

Above Oberwald and heading for the Furka Pass, the Glacier Express emerges from the last stands of larch in the Upper Goms Valley.

FO

29

30

31

◁◁ **28/29/31** Unterhalb von Gletsch folgt die Bahn dem Lauf der wild tosenden Rotten (Bild 28), überquert dann den Rhone-Viadukt (Bild 29 und 31) und verschwindet unmittelbar danach in einem Kehrtunnel, der im Winter mit Holztoren verschlossen werden kann (Bild 31).

En aval de Gletsch, la ligne suit le cours impétueux du Rhône (photo 28), franchit le viaduc sur le Rhône (photos 29 et 31) et disparaît tout de suite après dans un tunnel hélicoïdal que l'on peut fermer en hiver avec des portes de bois.

Below Gletsch, the line follows the course of the foaming River Rhone (28), crosses the Rhone Viaduct (29 and 31), and disappears into a spiral tunnel (31) whose wooden doors can be closed against the winter snows.

30 Auf ihrem Weg nach Oberwald wird die HGe 4/4 I 36 nach wenigen Metern Fahrt im Kehrtunnel unterhalb von Gletsch verschwinden.

En aval de Gletsch, la HGe 4/4 I 36 est sur le point de disparaître dans le tunnel hélicoïdal en direction d'Oberwald.

HGe 4/4 I No. 36 is about to dive into the spiral tunnel below Gletsch as it descends towards Oberwald.

33

32 Vor dem prächtigen Panorama des Galenstocks (links), der Furkahörner und dem davorliegenden Rhonegletscher steigt der frisch revidierte Deh 4/4 I-Pendel hoch über dem schäumenden Wasser der Rotten gegen Gletsch empor.

Devant le spectacle somptueux offert par le Galenstock (à gauche), les Furkahörner et le glacier du Rhône, la navette Deh 4/4 I, fraîchement révisée, grimpe en direction de Gletsch, laissant en contrebas les eaux bouillonnantes du Rhône.

Stunningly framed by the Galenstock (left), the Furkahörner peaks (right), the Rhone Glacier between them and the youthful River Rhone below, a newly-outshopped Deh 4/4 I-powered push-pull unit tackles the grade towards Gletsch.

33 Am späten Nachmittag des 5. Juni 1981 beginnt die HGe 4/4 I 37 mit dem Zug 53 den langen Abstieg von Gletsch nach Oberwald.

En fin d'après-midi du 5 juin 1981, la HGe 4/4 I 37 et le train 53 amorcent la longue descente de Gletsch à Oberwald.

HGe 4/4 I No. 37 eases train 53 onto the long descent to Oberwald in the late afternoon of June 5, 1981.

34

34 Diese kleine Brücke unterhalb von Gletsch war in einem Winter durch eine Lawine zerstört worden und wurde danach nur behelfsmäßig wiederhergestellt.

Détruit un hiver par une avalanche, ce petit pont en aval de Gletsch n'a ensuite été reconstruit qu'à titre provisoire.

A spartan-style bridge below Gletsch: the original was swept away in a winter avalanche, and only a provisional replacement was ever built.

35

35 Kurz vor dem Beginn der Zahnstange überquert hier die HGe 4/4 I 33 mit dem Zug 10033 (Glacier-Express-Vorläufer) bei Gletsch die Furka-Paßstraße. Hier mußte jeweils im Herbst nicht nur die Fahrleitung, sondern auch noch die Warnblinkanlage des Niveauübergangs demontiert werden.

Peu avant le début du tronçon à crémaillère, la HGe 4/4 I 33 et le train 10033 (précurseur du Glacier-Express) traversent la route du col de la Furka près de Gletsch. En automne, non seulement la caténaire mais aussi le feu clignotant d'avertissement du passage à niveau devaient être démontés.

Just before reverting to the rack, HGe 4/4 I No. 33 takes train 10033 (precursor to the Glacier Express) over the Furka Pass road at Gletsch. Both the overhead catenary and the crossing protection equipment were dismantled in autumn and stored for the winter months.

36

37

36 Der erste Morgenzug Oberwald – Andermatt wurde jeweils mit einem BDeh 2/4-Pendel, wie hier der Triebwagen 43, geführt. Gletsch, 10. Juni 1979.

Le premier train du matin Oberwald – Andermatt était toujours tracté par une navette BDeh 2/4, comme ici la motrice 43, à Gletsch, le 10 juin 1979.

The first Oberwald – Andermatt service of the day was always a BDeh 2/4-powered push-pull working. Pictured at Gletsch, Car 43 is rostered for the working on the morning of June 10, 1979.

38

37 Winterstimmung in Gletsch mit Deh 4/4 II 93, allerdings mitten im Sommer (20. Juli 1981).

Ambiance hivernale à Gletsch pour la Deh 4/4 II 93, pourtant en plein été (20 juillet 1981).

Deh 4/4 II No. 93 in a wintry landscape at Gletsch – though the date was actually July 20, 1981.

38 Mitte Oktober wurde jeweils der Bahnbetrieb über die Furka eingestellt. Anschließend mußte die ganze Fahrleitung abgebaut werden. Auf der Walliser Seite wurden die Masten und Ausleger in einer Remise in Gletsch deponiert. Hier ist die Mannschaft auf dem mit der HGm 4/4 62 bespannten Bauzug am 16. Oktober 1981 das letzte Mal damit beschäftigt, den Fahrdraht der Station Gletsch zu demontieren. 1982 wurde dann der Furka-Basistunnel eröffnet.

Chaque année à la mi-octobre, l'exploitation de la ligne par la Furka était suspendue. L'ensemble de la caténaire devait alors être démonté. Du côté valaisan, les poteaux et les consoles étaient remisés à Gletsch. Ici, le 16 octobre 1981, sur le train de chantier tracté par la HGm 4/4 62, une équipe est chargée, pour la dernière fois, de démonter le fil de contact de la station de Gletsch. Le tunnel de base de la Furka fut inauguré en 1982.

Operations over the Furka mountain section were always suspended from mid-October till the end of May. All the overhead catenary equipment was removed and put into winter storage. Masts and cable arms for the Valais stretch of the line were stored at Gletsch. The works train headed by HGm 4/4 No. 62, seen at Gletsch on October 16, 1981, was performing this service for the last time: the all-year route through the Furka Base Tunnel was opened the following year.

39 Oberhalb Gletsch steigt die Strecke gleichmäßig der linken Talflanke entlang. Den Reisenden bietet sich dabei ein herrlicher Ausblick über den Gletschboden, einer vor rund 100 Jahren noch von Eis bedeckten eindrücklichen Landschaft, zur heute weit zurückgeschmolzenen Zunge des Rhonegletschers.

En amont de Gletsch, la ligne grimpe régulièrement le long du flanc gauche de la vallée. Le voyageur bénéficie d'une vue superbe sur un paysage impressionnant, encore recouvert il y a une centaine d'années par le glacier du Rhône, dont la langue a aujourd'hui régressé au loin.

Above Gletsch, the line climbs along the left-hand side of the valley, offering superb views of the valley floor below. A hundred years ago, the area was still covered by the ice of the Rhone Glacier, whose snout has since retreated to its present position.

39

40

40 Während die Wagen des Zuges 63, der als letzter jeweils am Abend von Realp nach Oberwald fuhr, bereits das neue Farbkleid der FO tragen, ist der Deh 4/4 I 53 noch im alten FO-Rot zu sehen. Oberhalb Gletsch, 14. Juni 1981.

Tandis que les voitures du train 63, le dernier train du soir de Realp à Oberwald, arborent déjà les nouvelles couleurs de la FO, la Deh 4/4 I 53 porte encore l'ancien rouge de la ligne. En amont de Gletsch, le 14 juin 1981.

Train 63, last service of the day from Realp to Oberwald, seen above Gletsch on June 14, 1981. The carriages already carry the new FO colour scheme, though Deh 4/4 I No. 53 still sports the older all-red livery.

41 Auf seinem Weg nach Brig hat dieser Pendelzug soeben die Station Gletsch erreicht. Interessanterweise steht das Stationsgebäude von Gletsch auf der anderen Flußseite und ist über eine Brücke mit den Bahngleisen verbunden.

Sur le chemin de Brigue, cette navette vient d'entrer en gare de Gletsch. Curieusement, le bâtiment de la station, situé sur l'autre rive du Rhône, est relié aux voies par un pont.

A push-pull service for Brig comes to rest in Gletsch Station. Interestingly, the station buildings are on the other side of the river; a footbridge provides access to the tracks.

Furka-Oberalp

Furka-Oberalp

◁**42** Über diesem bergwärts fahrenden Pendelzug sieht man sehr gut die flache Schwemmlandschaft des Gletschbodens. Im Hintergrund windet sich die Straße mit vielen Haarnadelkurven zur Grimsel-Paßhöhe hinauf.

Par-dessus cette navette en pleine ascension, on voit très bien la zone plate d'alluvionnement laissée par le glacier. A l'arrière-plan, la route aux multiples virages en épingle à cheveux escalade le col de Grimsel.

A push-pull service heads upvalley above Gletsch. Behind the train, the flat, moraine-strewn landscape of the valley floor can be clearly seen. In the background, the road zigzags up to the Grimsel Pass.

43

43 Unterhalb der Station Muttbach überquert die Bahn erneut die Furka-Paßstraße. Hier ist der Glacier-Express, gezogen von der HGe 4/4 I 37, auf dem Weg Richtung Andermatt.

En aval de la station de Muttbach, la ligne retraverse la route du col de la Furka. Ici, le Glacier-Express, tracté par la HGe 4/4 I 37, se dirige vers Andermatt.

Below Muttbach Station, the railway crosses the Furka Pass road once again. The Glacier Express is en route to Andermatt, with HGe 4/4 I No. 37 in command.

44

44 Nach der Station Muttbach, die im Hintergrund zu sehen ist, beginnt für die HGe 4/4 I 34 mit Zug 43 der lange Abstieg nach Gletsch.

Après la station de Muttbach, visible à l'arrière-plan, la HGe 4/4 I 34 et le train 43 amorcent la longue descente vers Gletsch.

After passing through Muttbach Station (seen in the background), HGe 4/4 I No. 34 brings train 43 onto the long descent to Gletsch.

45 An den BDeh 2/4 wurden verschiedene Varianten für einen Neuanstrich ausprobiert wie hier beim Triebwagen 45, der als Extrazug soeben die Haltestelle Muttbach Richtung Gletsch verläßt. Im Hintergrund sind noch die Gärstenhörner zu sehen.

Sur les BDeh 2/4, plusieurs variantes de peinture ont été essayées, comme ici sur la motrice 45, qui quitte la station de Muttbach en direction de Gletsch avec un train supplémentaire. A l'arrière-plan se dressent les Gärstenhörner.

The BDeh 2/4 motor cars were used to try out various experimental colour schemes. One such livery was applied to No. 45, seen leaving Muttbach on a Gletsch-bound special. The peaks of the Gärstenhörner tower behind.

45

46 Eine außerordentliche Seltenheit: Unkrautvertilgungszug mit BDeh 2/4 41 zwischen den Schneemauern von Muttbach auf 2117 m ü. M.

Un événement d'une rareté exceptionnelle: un train de désherbage tiré par une BDeh 2/4 41 entre les murs de neige de Muttbach, à 2117 m d'altitude.

A real rarity: a weedkiller train powered by BDeh 2/4 No. 41 threads through the snow walls at Muttbach, 2117 metres above sea level.

47 «Stationsgebäude» von Muttbach-Belvédère in Form des Gkv 4413. Die Möblierung bestand aus einem alten Sofa, das beim Absitzen jeweils eine große Staubwolke von sich gab. Im Sommer 1979 wurde dieser Wagen hier das letzte Mal auf einem kurzen Gleisstück aufgestellt.

«Bâtiment de la station de Muttbach-Belvédère: la Gkv 4413. Meublée d'un vieux canapé qui soulevait un nuage de poussière quand on s'y asseyait, cette voiture fut présentée pour la dernière fois en été 1979 sur un petit tronçon.

Muttbach-Belvedere's "station building" – wagon Gkv 4413. The interior consisted of an old sofa that emitted a cloud of dust whenever it was sat upon. The wagon was last mounted on its short piece of track in summer 1979.

46

47

48 Die HGe 4/4 I 36 hat mit dem Zug 135, der aus zwei alten FO-Wagen und einem mit Bremszahnrad ausgerüsteten RhB-Wagen besteht, soeben die Station Muttbach erreicht.

La HGe 4/4 I 36 et le train 135, composé de deux anciennes voitures de la FO et d'une voiture de la RhB équipée d'un frein à la roue dentée, viennent d'atteindre la station de Muttbach.

HGe 4/4 I No. 36 has just left Muttbach with train 135, composed of two veteran FO cars and an RhB vehicle fitted with cogwheel brake.

48

49 Der Bereich der Ausweichstelle Muttbach war jeweils bis weit in den Sommer hinein von gewaltigen Schneemassen bedeckt, die im Winter und Frühjahr von Lawinen hierher verfrachtet wurden. Auf diesem Bild verläßt die HGe 4/4 I 33 soeben den Furka-Scheiteltunnel, der die Stationen Furka und Muttbach miteinander verbindet, auf der Walliser Seite. Im Portal ist noch die Jahrzahl der Inbetriebnahme des Tunnels eingemeißelt.

La zone du point d'évitement de Muttbach était couverte, chaque année, d'énormes masses de neige charriées par les avalanches de l'hiver et du printemps. La HGe 4/4 I 33 quitte ici, du côté valaisan, le tunnel de crête de la Furka, qui relie les stations de la Furka et de Muttbach. L'année de la mise en service du tunnel est encore gravée sur le portail.

The area around the Muttbach passing loop always had snow well into the summer: vast masses were swept down by avalanches in winter and spring. Our picture shows HGe 4/4 I No. 33 leaving the Summit Tunnel, which connected Furka and Muttbach stations, on the Valais side. The tunnel portal bears the date of its opening: 1925.

1925
33

50

51

50–52 Früher war die Haltestelle Furka mit 2160 m ü.M. der höchste Punkt der Furka–Oberalp-Bahn. Auf Bild 50 verläßt die HGe 4/4 I 31 mit Zug 50 am 19. August 1978 den Furka-Scheiteltunnel. Nur kurze Zeit später am selben Tag folgt als Gegenzug ein Deh 4/4 I-Pendel, der damals noch den dunkelroten Anstrich aufwies (Bild 51). Auf beiden Aufnahmen erkennt man die Drehscheibe, die zur Hälfte mit Schnee bedeckt ist. Sie stammt noch aus der Zeit des Dampfbetriebs. Blickt man von Süden her auf die Ausweiche Furka, so erheben sich im Hintergrund das Groß und Chli Bielenhorn (Bild 52).

52

Autrefois, la station de la Furka, située à 2160 m d'altitude, constituait le point culminant de la ligne Furka – Oberalp. Sur la photo 50, la HGe 4/4 I 31 et le train 50 quittent le tunnel de crête de la Furka le 19 août 1978. Peu après, le même jour, arrive en sens contraire une navette Deh 4/4 I, encore peinte en rouge à l'époque (photo 51). Sur les deux photos, on reconnaît la plaque tournante, à moitié couverte de neige, qui date de la traction à vapeur. Si l'on regarde la station de la Furka depuis le sud, le Gross et le Chli Bielenhorn apparaissent à l'arrière-plan (photo 52).

Furka Halt, 2160 metres above sea level, was the highest point on the Furka – Oberalp line. Plate 50 shows HGe 4/4 I No. 31 emerging from the Summit Tunnel with train 50 on August 19, 1978. A little later on the same day, a push-pull service propelled by a Deh 4/4 I crested the summit (Plate 51) from the opposite direction. Both photos also show the turntable, partially covered with snow, a relic from the days of steam operation. Plate 52 shows the Furka loop from the south, with the Great and Lesser Bielenhorn rising behind.

53 Nur selten sind im Hochsommer die Berge nördlich der Bahnlinie wolkenfrei. Von links: Galenstock (3583 m), Gross Bielenhorn (3207 m) und Chli Bielenhorn (2940 m). Der Pendelzug auf diesem Bild ist durch einen alten Plattformwagen verstärkt.

Il est rare, en plein été, que les montagnes soient dépourvues de nuages au nord de la voie ferrée. De gauche à droite: le Galenstock (3583 m), le Gross Bielenhorn (3207 m) et le Chli Bielenhorn (2940 m). La navette est ici renforcée par un ancien wagon à plateforme.

The mountains to the north of the line are rarely free of cloud in the summer months. On the left is the Galenstock (3583 metres), in the middle the Great Bielenhorn (3207 metres) and on the right the Lesser Bielenhorn (2940 metres). The push-pull train in the foreground has been augmented by a veteran open-platform car attached at the rear.

FO

54–56 Eine Besonderheit der Bahnstrecke über die Furka war, daß sie jeweils nur von Ende Mai bis Mitte Oktober geöffnet war. Im Frühjahr mußte jeweils die Trasse mit großem Zeit- und Materialaufwand vom Schnee befreit werden, wie hier in der Station Furka mit der HGm 4/4 62 und der Xrote 4933 am 19. Mai 1981 (Bild 54). Am 14. Oktober 1980 entstanden die beiden anderen Aufnahmen, die die HGm 4/4 61 im Einsatz bei der Demontage der Fahrleitung unterhalb der Haltestelle Furka zeigen. Masten und Ausleger wurden dabei ohne technische Hilfsmittel von Bahnarbeitern abgebaut und auf einen Flachwagen gelegt.

54

La ligne de la Furka offrait la particularité de n'être ouverte que de fin mai à mi-octobre. Au printemps, il fallait beaucoup de temps et de matériel pour dégager la voie, comme ici, dans la station de la Furka, avec la HGm 4/4 62 et la «Xrot 4933», le 19 mai 1981 (photo 54). Les deux autres photos remontent au 14 octobre 1980; elles montrent la HGm 4/4 61 lors du démontage de la caténaire en aval de la station de la Furka. Poteaux et consoles étaient démontés par les cantonniers sans assistance technique et déposés sur un wagon plat.

The Furka mountain section was unusual in that operations were only possible between the end of May and mid-October every year. Every spring, the track had to be cleared of snow, a major exercise in terms of time and materials. Plate 54 shows HGm 4/4 No. 62 and snowplough Xrote 4933 clearing the way at Furka on May 19, 1981. The other two photographs were taken on October 14, 1980, and show a works train headed by HGm 4/4 No. 61 on catenary removal duty below Furka Halt. All the masts and cable arms were dismantled by hand and loaded onto a flat wagon for removal and winter storage.

55

56

57

57 Hinter der HGe 4/4 I 36, die hier soeben die Sidelenbach-Brücke überquert, ist an erster Stelle der ABi4 2124 der Brig–Visp–Zermatt-Bahn eingereiht. Im Sommer 1981, dem letzten Betriebsjahr der Furka-Bergstrecke, war der Andrang auf die Züge derart groß, daß nebst zahlreichen RhB-Wagen auch fast alle Plattformwagen der BVZ für die Bewältigung des zusätzlichen Verkehrs gebraucht wurden.

Derrière la HGe 4/4 I 36, qui franchit le pont sur le Sidelenbach, figure au premier rang la ABi4 2124 de la ligne Brigue – Viège – Zermatt. En été 1981, dernière année d'exploitation du tronçon de montagne de la Furka, l'affluence était telle qu'il fallait mobiliser des voitures de la RhB et presque tous les wagons à plateforme de la BVZ pour faire face au surcroît de trafic.

HGe 4/4 I No. 36 rolls a train across the Sidelenbach Bridge. The first wagon behind the locomotive is ABi4 2124 of the Brig – Visp – Zermatt Railway. In summer 1981, the last operating season for the Furka mountain section, traffic was so heavy that the FO borrowed almost all the BVZ's open-platform cars, in addition to stock from the RhB, to meet the demand.

58

58 Der ABt 4191 und BDeh 2/4 41 am 28. September 1979 als Zug 435 auf der Sidelenbach-Brücke. Im Hintergrund ist die weiße Spitze des Galenstocks zu sehen.

ABt 4191 et BDeh 2/4 41, formant le train 435, franchissent le pont sur le Sidelenbach le 28 septembre 1979. La pointe blanche du Galenstock se dresse à l'arrière-plan.

Train 435, composed of ABt No. 4191 and BDeh 2/4 No. 41, traverses the Sidelenbach Bridge on September 28, 1979. The snowy peak of the Galenstock is visible behind.

◁**59** Über den Steinstafel-Viadukt, der sich harmonisch in die mit großen Steinblöcken übersäten Alpweiden einfügt, fährt der Glacier-Express. Rechts vom Zug erkennt man die Steinstafel-Alphütte. Die hier gemolkene Milch wurde jeweils in den letzten Zug Oberwald – Realp eingeladen.

Le Glacier-Express traverse le viaduc de Steintafel, qui s'intègre harmonieusement dans les pâturages jonchés de blocs de pierre. On reconnaît, à droite du train, le refuge de Steintafel. Le lait trait était chargé chaque soir dans le dernier train Oberwald – Realp.

The Glacier Express negotiates the Steinstafel Viaduct, a stone structure which blends in well with its boulder-strewn surrounds. To the right is the Steinstafel Cabin, where cows would be milked and the milk taken down to Realp on the last train of the day.

60

60–62 Alle drei Aufnahmen entstanden auf dem Streckenstück zwischen der Haltestelle Tiefenbach und dem Steinstafel-Viadukt. Kurze Zeit nachdem die HGe 4/4 I 32 mit einem Zug Brig – Disentis vorbeigefahren ist (Bild 60), passiert ein Pendelzug dieselbe Stelle in der Gegenrichtung (Bild 62). Die Lok des Glacier-Express auf Bild 61 hat gerade die Zahnstange verlassen und fährt in die Station Tiefenbach ein.

Les trois photos ont été prises entre l'arrêt de Tiefenbach et le viaduc de Steintafel. Peu après le passage de la HGe 4/4 I 32 et du train Brigue – Disentis (photo 60), une navette passe au même endroit dans le sens contraire (photo 62). Sur la photo 61, la locomotive du Glacier-Express vient de quitter le secteur à crémaillère et entre dans la station de Tiefenbach.

All three photos were taken on the section between Tiefenbach Halt and the Steinstafel Viaduct. Plate 60 shows HGe 4/4 I No. 32 in command of a Brig – Disentis train. Shortly after, a push-pull service passes the same spot (Plate 62) in the opposite direction. The locomotive heading the Glacier Express (Plate 61) has just come off the rack section and is about to enter Tiefenbach.

61

62

63

63 Zug 154 mit Deh 4/4 I 55 kreuzt am 6. August 1981 in Tiefenbach den Zug 43, gezogen von der HGe 4/4 I 36. Deutlich erkennt man hier die abgestützten Fahrleitungsmasten, die im Herbst jeweils nicht demontiert wurden.

Le 6 août 1981, à Tiefenbach, le train 154 et la Deh 4/4 I croisent le train 43, tracté par la HGe 4/4 I 36. On reconnaît parfaitement les supports de caténaire étayés qui n'étaient pas démontés chaque automne.

Trains cross at Tiefenbach on August 6, 1981. Train 154, with Deh 4/4 I No. 55 in charge, meets train 43, hauled by HGe 4/4 I No. 36. The buttressed catenary masts are clearly visible; these would have remained in place during the winter months.

64

64 Unterhalb der Steffenbach-Brücke schmiegt sich die Bahnlinie an die steile Talflanke. Im Hintergrund sind die Furka- und Bielenhörner zu sehen.

En aval du pont sur le Steffenbach, la ligne suit étroitement le flanc abrupt de la vallée. Les Furkahörner et Bielenhörner sont visibles à l'arrière-plan.

Below the Steffenbach Bridge, the line clings close to the steep valley side. The Furkahorn and Bielenhörner rise in the distance.

65 Die wohl berühmteste Brücke am Furkapaß ist die Steffenbachbrücke unterhalb von Tiefenbach. Die aus drei Teilen bestehende Konstruktion konnte im Herbst jeweils zusammengeklappt werden, damit sie im Winter und Frühjahr nicht durch die ungeheure Wucht der Steffenbach-Lawine zerstört wurde.

Le pont sur le Steffenbach, situé en aval de Tiefenbach, est sans doute l'ouvrage le plus célèbre du col de la Furka. Composée de trois parties, la construction pouvait être repliée chaque automne, afin de ne pas être emportée par les avalanches d'hiver et de printemps, d'une violence inouïe.

The Steffenbach Bridge was probably the most famous piece of civil engineering on the Furka mountain section of the line. The bridge, located below Tiefenbach Halt, was built in three sections. This allowed it to be "folded away" in autumn, to protect it from the many winter and spring avalanches which thunder down the Steffenbach Gorge. ▷

FO
Furka-Oberalp

Furka-Oberalp
Furka-Oberalp

66 Haargenau «paßt» dieser BDeh 2/4-Pendel auf die Steffenbach-Brücke.

Cette navette BDeh 2/4 est parfaitement «ajustée» au pont sur le Steffenbach.

A BDeh 2/4-powered push-pull service fits perfectly onto the bridge's span.

66

67 Sehr gut kann man auf diesem Bild die Umlenkrollen erkennen, die am Metalljoch beim Widerlager der Steffenbach-Brücke befestigt sind. Sie werden beim Zurückziehen der Brücke in die Winterstellung und beim Wiederaufbau gebraucht. Der Deh 4/4 II 94 überquert hier die geländerlose Brücke mit einem Extrazug Brig – Andermatt.

Sur cette photo, on remarque très bien les poulies de guidage fixées à l'arche métallique du pont au niveau de la culée. Elles étaient utilisées pour le repliage du pont en position hivernale et pour sa réinstallation. La Deh 4/4 II 94 franchit ici le pont, dépourvu de garde-fou, avec un train supplémentaire Brigue – Andermatt.

A good view of one of the two pulley gantries, which are fixed to the trestle section at the bridge's abutments. The pulleys were used to retract the bridge for winter storage, and to replace it for use in the summer months. Deh 4/4 II No. 94 crosses the bridge, which is devoid of guardrails, with a Brig – Andermatt special.

68 Unterhalb der Steffenbach-Brücke durchfährt die Bahn drei kleine Tunnels. Auf diesem Bild verläßt der Glacier-Express gerade den obersten Tunnel auf dem Weg nach Realp.

En aval du pont sur le Steffenbach, la voie traverse trois petits tunnels. Sur cette photo, le Glacier-Express sort du tunnel supérieur en direction de Realp.

Below the Steffenbach Bridge, the line passes through three short tunnels. The Glacier Express has just emerged from the uppermost tunnel on its descent to Realp.

69

69 Die Strecke in der Schlucht zwischen Tiefenbach und Realp ist nicht nur durch Lawinen, sondern ebenso durch Hochwasser der Furkareuß gefährdet. Die HGe 4/4 I 37 ist hier etwas unterhalb des untersten der drei Tunnel Richtung Brig unterwegs.

Dans la gorge qui relie Tiefenbach à Realp, la voie est menacée non seulement par les avalanches, mais aussi par les crues de la Furkareuss. La HGe 4/4 I 37 se trouve ici en aval du tunnel inférieur et fait route vers Brigue.

The gorge section between Tiefenbach and Realp is prone not only to avalanches, but also to flooding by the Furka Reuss River. HGe 4/4 I No. 37 is pictured below the lowest of the three tunnels, heading upvalley with a train for Brig.

70

70–72 Hinter Realp folgt die Bahn in weit geschwungenen Kurven dem Lauf der Furkareuß. Alle drei Aufnahmen entstanden auf diesem Teilstück, das als einziges der Furka-Strecke über eine größere Distanz keine Zahnstange aufweist.

Après Realp, la ligne suit, en courbes sinueuses, le cours de la Furkareuss. Les trois photos ont été prises sur ce tronçon, le seul à ne pas présenter de secteur à crémaillère sur une grande distance.

Above Realp, the line makes broad, sweeping curves as it follows the Furka Reuss River. All three photos were taken on this stretch – the only part of the Furka mountain route which is free of rack sections for any considerable distance.

71

72

73–75 Heute gehört die Bahnlinie über den Furkapaß der Dampfbahn-Furka-Bergstrecke AG (DFB), die diese rekonstruiert. Das Ziel der Gesellschaft ist ein fahrplanmäßiger Dampfbetrieb im Sommer von Realp über den Furkapaß nach Oberwald. Die Bauarbeiten erfordern den Einsatz verschiedenster Zugskompositionen: Auf Bild 73 wird bei der Zahnstangeneinfahrt Realp Material abgeladen. Die Draisine 4961 (früher FO) ist mit dem Mittagessen unterwegs zur Bauequipe in Tiefenbach (Bild 74). Der Materialzug mit der HGm 2/2 wartet bei der Verladerampe Realp auf seinen nächsten Einsatz (Bild 75).

73

Aujourd'hui, la ligne du col de la Furka appartient à la Dampfbahn-Furka-Bergstrecke AG (DFB, «Ligne de montagne à vapeur de la Furka»), qui se propose de la reconstruire et d'assurer, pendant l'été, une exploitation régulière à vapeur de Realp à Oberwald par le col de la Furka. Les travaux exigent diverses compositions de train: sur la photo 73, du matériel est chargé à l'entrée de la section à crémaillère de Realp. La Draisine 4961 (ex FO) emmène le déjeuner à l'équipe de chantier de Tiefenbach (photo 74). Le transport de matériel et la HGm 2/2 attendent près de la rampe de transbordement de Realp (photo 75).

The Furka mountain section now belongs to the "Dampfbahn-Furka-Bergstrecke AG" (Furka Mountain Steam Railway Limited) or DFB, which is currently restoring the line. The company aims to reintroduce regular steam-hauled services over the Furka Pass between Realp and Oberwald in the summer months. The construction work sees the use of a wide variety of rolling stock. Plate 73 shows materials being unloaded at the start of the rack-and-pinion climb out of Realp. In Plate 74, ex-FO permanent-way car No. 4961 heads up to the works team at Tiefenbach with the midday meal. And in Plate 75, a supplies train powered by the company's HGm 2/2 diesel waits at the Realp loading ramp for its next duty.

74

75

76/77 Nach einer Pause von 9 Jahren verkehren wieder erste Personenzüge am Furkapaß. Wie im letzten Betriebsjahr 1981 ist der Ansturm auch auf diese Züge sehr groß. Nachdem der Aussichtswagenzug mit der HG 2/3 6, die ursprünglich für die Visp–Zermatt-Bahn gebaut worden war, das DFB-Depot Realp verlaßen hat, dampft er zwischen schroffen Felsen und der Furkareuß Richtung Zahnstangeneinfahrt (Bild 77). Kurz danach überquert er die Wilerbrücke. Dieser Viadukt war ursprünglich eine Steinkonstruktion, die 1955 infolge Unterspülung einstürzte und als Stahl/Betonkonstruktion wiederaufgebaut wurde (Bild 76).

76

Après une pause de neuf ans, des trains de voyageurs circulent à nouveau sur le col de la Furka. Comme lors de la dernière année d'exploitation en 1981, l'affluence est considérable. Après avoir quitté le dépôt DFB de Realp, le train panoramique et la HG 2/3 6, initialement destinée à la ligne Viège – Zermatt, roulent vers la section à crémaillère entre la Furkareuss et les rochers abrupts (photo 77). Peu après ils franchissent le pont de Wiler. D'abord en pierre, ce viaduc s'effondra en 1955 par suite d'affouillements et fut reconstruit en acier et béton (photo 76).

Passenger trains return to the Furka Pass after a gap of nine years. As in the last operating season of 1981, the services attracted a large number of travellers. HG 2/3 No. 6, originally built for the Visp – Zermatt Railway, has left the DFB depot at Realp with its observation car train, and is seen threading between the rugged rock wall and the Furka Reuss River on its way to the first rack-and-pinion section (Plate 77). Shortly after, it crosses the Wiler Bridge (Plate 76). The original stone viaduct collapsed due to stream erosion in 1955, and was replaced by the steel-and-concrete construction we see today.

FO

Realp – Andermatt

Die Bahnlinie von Realp nach Andermatt verläuft durch den weiten Kessel des Urserentals. Die Ruhe dieser Landschaft täuscht. Die Strecke muß zwar keine großen Höhenunterschiede bewältigen, ist aber in starkem Maß den Naturereignissen ausgeliefert. Im Winter kann es deshalb bei starken Schneefällen vorkommen, daß die Trasse zwischen Hospental und Realp wegen Lawinengefahr gesperrt wird. Im Sommer 1987 wurden durch Unwetter mehrere Streckenabschnitte unter Schuttmassen begraben, so daß es einige Zeit dauerte, bis die Linie wieder befahrbar war.

Die Station Realp hat sich durch die Eröffnung des Furka-Basistunnels im Jahre 1982 stark verändert. Der einst verträumte Bahnhof erhielt eine moderne Verladeanlage für Autozüge, und in der Nähe des Ostportals des Furkatunnels entsteht zudem das Depot mit Drehscheibe der Dampfbahn-Furka-Bergstrecke AG.

Kurz nach dem Verlassen der Station Realp überquert der Zug auf einer Stahlbrücke die Furkareuss und verschwindet in einem künstlich angelegten Hügel, der die Bahn vor Lawinen schützt. Nach einem langen schnurgeraden Teilstück kreuzt die Linie zuerst die Straße und anschließend erneut die Reuss. In weiten Kurven folgt die Bahnstrecke nun der Topographie der linken Talflanke. Über den eindrücklichen Richleren-Viadukt wechselt die Bahn die Talseite und fährt auf einer langgezogenen Rampe hinunter gegen Hospental. Von hier aus folgt der Zug der Straße und erreicht nach wenigen Minuten Fahrzeit Andermatt.

Realp – Andermatt

La ligne menant de Realp à Andermatt traverse la large cuvette de la vallée d'Urseren. Le caractère paisible du paysage est trompeur. Certes, la voie ne doit pas surmonter un relief très accidenté, mais elle est à la merci des caprices de la nature. L'hiver, en cas de fortes chutes de neige, la ligne entre Hospental et Realp peut être fermée à cause des risques d'avalanche. Au cours de l'été 1987, plusieurs tronçons ont été recouverts de boue et de pierres par suite des intempéries, et il fallut quelque temps avant de rendre la ligne à nouveau praticable.

Depuis l'ouverture du tunnel de base de la Furka en 1982, la station de Realp s'est profondément modifiée. Jadis paisible gare de campagne, elle possède aujourd'hui une installation moderne de transbordement des voitures et, à proximité de l'entrée est du tunnel, le dépôt à plaque tournante de la DFB.

Peu après la station de Realp, le train franchit la Furkareuss par un pont métallique et disparaît dans une colline artificielle qui protège la voie des avalanches. Au bout d'un long tronçon rectiligne, la voie traverse ensuite la route, puis à nouveau la Reuss. Elle parcourt alors de longues courbes, suivant la topographie du flanc gauche de la vallée, avant de changer de rive par l'impressionnant viaduc de Richleren et de descendre une longue rampe en direction de Hospental. A partir de là, le train longe la route et atteint Andermatt en quelques minutes.

From Realp to Andermatt

The line from Realp to Andermatt wends its way down the broad sweep of the Urseren Valley. The tranquillity of the area is deceptive: there are no major gradients to challenge the line, but this stretch of the route is highly susceptible to the forces of nature. After heavy winter snows, the line between Hospental and Realp often has to be closed for fear of avalanches. In summer 1987, several sections were buried by landslides, and services were suspended for a considerable length of time.

Realp Station has been transformed by the opening of the Furka Base Tunnel in 1982. Formerly a sleepy little station, Realp is now equipped with a "motorail" facility where road vehicles can be loaded onto special wagons for a journey through the tunnel – a vital link when the Furka Pass road is closed during the winter months. Meanwhile, on a site adjacent to the eastern tunnel portal, the main works of the DFB steam railway – complete with turntable – are taking shape.

Shortly after leaving Realp, the train crosses the Furka Reuss River on a steel girder bridge. It then disappears into a man-made hill, built to protect the line from avalanches. A long, straight section follows before the railway crosses the valley road and then again the River Reuss. The line now curves around the contours on the left-hand valley side. The impressive Richleren Viaduct carries the train across to the other side of the valley, where it follows a falling grade down towards Hospental. Our course now takes us parallel to the road, and a few minutes later we arrive in Andermatt.

◁ **78** Wunderschön fügt sich oberhalb von Hospental der Richleren-Viadukt, der soeben von einem Glacier-Express überquert wird, in die Landschaft ein.

En amont de Hospental, le viaduc de Richleren, franchi ici par un Glacier-Express, s'insère à merveille dans le paysage.

The Richleren Viaduct, here being crossed by a Glacier Express, fits beautifully into the landscape above Hospental.

79

79 Dieser aus der Station Realp ausfahrende Pendelzug wird in wenigen Augenblicken das Ostportal des 15381 Meter langen Furka-Basistunnels erreichen.

Cette navette quittant la station de Realp atteindra dans quelques instants l'entrée est du tunnel de base de la Furka, long de 15 381 m.

This push-pull service, heading out of Realp Station, will soon disappear into the eastern portal of the 15.4-kilometre Furka Base Tunnel.

80

80 Nach einer Fahrzeit von rund 17 Minuten trifft dieser von der Ge 4/4 81 gezogene Autozug von Oberwald her kommend in Realp ein.

Au bout d'environ 17 minutes, ce transport d'automobiles, tracté par la Ge 4/4 81 en provenance d'Oberwald, arrivera à Realp.

A car-carrying "motorail" service hauled by Ge 4/4 No. 81 arrives at Realp from Oberwald after its 17-minute journey through the tunnel.

82

81/82 Der Paradezug der FO, der Glacier-Express, wird heute fast ausschließlich mit HGe 4/4 II geführt. Nur in Ausnahmefällen oder für Doppelführungen kommen noch die bald 50jährigen HGe 4/4 I zum Einsatz. Beide Bilder entstanden zwischen Realp und Hospental.

Le Glacier-Express, perle de la FO, est aujourd'hui presque exclusivement tracté par la HGe 4/4 II. La HGe 4/4 I, bientôt cinquantenaire, n'est plus utilisée qu'à titre exceptionnel ou en cas de doublement. Les deux photos ont été prises entre Realp et Hospental.

Today, the Glacier Express, the FO's premier service, is handled almost exclusively by the powerful HGe 4/4 II class of locomotives. Only in exceptional cases, or if the train is run in multiple portions, are the almost 50-year-old HGe 4/4 Is pressed into service. Both photos were taken between Realp and Hospental.

Furka-Oberalp
Furka-Oberalp
Furka-Oberalp

Furka-Oberalp
Furka-Oberalp

86

87

88

86/87 Zwischen dem markanten Turm von Hospental und der tief eingeschnittenen Reuß schlängelt sich die Bahnlinie dem Hang entlang.

La voie serpente entre la célèbre tour de guet de Hospental et le lit profond de la Reuss.

The line snakes along the hillside between Hospental's characteristic watchtower and the deeply-incised River Reuss.

88 Der Richleren-Viadukt für einmal aus einer ungewohnten Perspektive. Im Hintergrund ist über dem Deh 4/4 I-Pendelzug der Weiler Zumdorf zu erkennen.

Le viaduc de Richleren vu d'une perspective inhabituelle. Le hameau de Zumdorf apparaît à l'arrière-plan, par-dessus la navette Deh 4/4 I.

The Richleren Viaduct from an unusual angle. A Deh 4/4 I-powered push-pull service crosses the river; the hamlet of Zumdorf can be seen behind.

Furka-Oberalp

Göschenen – Andermatt

Die Strecke von Göschenen nach Andermatt wurde 1917 eröffnet. Bis 1960 betrieb sie die Schöllenenbahn-Gesellschaft, die am 1. Januar 1961 von der Furka-Oberalp-Bahn übernommen wurde. Während früher zweiachsige Zahnradloks der Bauart HGe 2/2 ihre Vorstellwagen über die 250 Promille-Rampe schoben, verkehren heute ausschließlich Pendelzüge der FO mit Triebwagen vom Typ Deh 4/4 I und Deh 4/4 II auf diesem Teilstück.

Der Bahnhofvorplatz von Göschenen, nicht weit vom Nordportal des Gotthardtunnels entfernt, ist der Beginn für die Bahnfahrt zum 330 Meter höher gelegenen Andermatt. Nach dem Verlassen der Station beginnt die Zahnstangenstrecke. In kurzem Abstand wird die Reuß zweimal überquert. Etwas oberhalb des zweiten Reußviadukts endet die offene Linienführung. In abwechselnder Reihenfolge werden nun mehrere Galerien und Tunnels durchfahren. In einer dieser Galerien befindet sich noch die Kreuzungsstation Steinlekehr, die über zwei Zahnstangenweichen verfügt, was sonst nur noch in Tschamut am Oberalppaß der Fall ist. Die Fahrt durch Galerien und Tunnels endet abrupt bei der Teufelsbrücke in der Schöllenen, wo sich dem Fahrgast ein eindrücklicher Blick hinunter auf die beiden Straßenbrücken und die vor allem während der Schneeschmelze tosenden Wassermassen der Reuß bietet.

Nach dem Durchfahren einer weiteren kurzen Galerie weitet sich die enge Schlucht, und das Urserental mit Andermatt, dem Endpunkt dieses imposanten Teilstückes, ist erreicht.

Göschenen – Andermatt

La ligne de Göschenen à Andermatt fut inaugurée en 1917 et exploitée jusqu'en 1960 par la Ligne des Schöllenen, que racheta la FO le 1er janvier 1961. Tandis qu'autrefois, des locomotives à crémaillère à deux essieux du type HGe 2/2 tiraient leurs voitures le long de la rampe à 250 pour mille, seules les navettes de la FO à motrice de type Deh 4/4 I et Deh 4/4 II circulent aujourd'hui sur ce tronçon.

Non loin de l'entrée nord du tunnel du Saint-Gotthard, la gare de Göschenen constitue le point de départ d'une ascension de 330 m jusqu'à Andermatt. Le tronçon à crémaillère débute au sortir de la gare et franchit la Reuss à deux reprises sur une courte distance. Un peu en amont du deuxième viaduc s'achève la ligne à ciel ouvert. Plusieurs galeries et tunnels sont maintenant franchis en alternance. Dans une de ces galeries se trouve encore la station de croisement de Steinlekehr, la seule à posséder deux aiguillages à crémaillère, en dehors de celle de Tschamut sur le col de l'oberalp. La traversée des tunnels et des galeries se termine brusquement au pont du Diable (Teufelsbrücke) dans les gorges des Schöllenen, qui offre au voyageur une vue impressionnante sur les deux ponts routiers situés en contrebas et sur les flots tumultueux (surtout à la fonte des neiges) de la Reuss.

A l'issue d'une dernière courte galerie, la gorge s'élargit vers la vallée d'Urseren et Andermatt, terminus de cet imposant tronçon.

From Göschenen to Andermatt

The line between Göschenen and Andermatt was opened in 1917. Up until 1960, it was operated by the Schöllenen Railway Company; the company was acquired by the Furka-Oberalp on January 1, 1961. In former times, traffic was handled by an HGe 2/2 class of 0-4-0 rack-and-pinion locomotives, which propelled their cars up the 1-in-4 grade. Today, all services are operated by FO push-pull units, with power provided by the railway's Deh 4/4 I and Deh 4/4 II locomotives.

The line begins its 330-metre climb to Andermatt outside the Swiss Federal Railways' main line station at Göschenen, just before the northern portal of the St. Gotthard Tunnel. Leaving the station, the line immediately enters a rack-and-pinion section, and the River Reuss is crossed twice in quick succession.

A little above the second Reuss Viaduct, the line begins a light-and-dark journey through a series of galleries and tunnels. One of the galleries contains the Steinlekehr passing loop: the loop features two sets of rack-and-pinion points, a phenomenon found only here and at Tschamut, on the Oberalp Pass.

The tunnels and galleries cease abruptly at the "Teufelsbrücke" (Devil's Bridge) over the Schöllenen Gorge, where the traveller can glance down at the two road bridges and the foaming torrent of the River Reuss, which is particularly impressive when the snow thaws in spring.

After a further short gallery, the narrow gorge widens out into the Urseren Valley and Andermatt, terminus of this short yet impressive stretch of line.

◁**89** Pendelzug auf dem Bruckwaldboden-Viadukt am oberen Ende der Schöllenenschlucht.

Navette franchissant le viaduc de Bruckwaldboden à l'extrémité supérieure des gorges des Schöllenen.

A push-pull train on the Bruckwaldboden Viaduct, at the upper end of the Schöllenen Gorge.

90

90–92 Nachdem die Reisenden in Göschenen von der SBB auf die FO umgestiegen sind, überquert der Zug zuerst zweimal die wilde Reuß (Bild 91: Mätteli-Viadukt), um dann anschließend in schützenden Galerien und Tunnels zu verschwinden.

Après la correspondance entre les CFF et la FO à Göschenen, les voyageurs traversent d'abord deux fois le cours impétueux de la Reuss (photo 91: viaduc de Mätteli), pour disparaître ensuite dans des tunnels et des galeries de protection.

After picking up its passengers from the Swiss Federal Railways in Göschenen, the FO train twice crosses the youthful River Reuss (as on the Mätteli Viaduct, Plate 91) before seeking refuge from the elements in a succession of galleries and tunnels.

91

92

Furka-Oberalp
Furka-Oberalp

FO

◁**93** Pendelzug mit Deh 4/4 II 92 zwischen Urnerloch und Bruckwaldboden-Tunnel. Links im Bild der Reuß-Viadukt, in der Mitte der Bruckwaldboden-Viadukt und unten die alte Teufelsbrücke.

Navette et Deh 4/4 II 92 entre Urnerloch et le tunnel de Bruckwaldboden. A gauche, le viaduc sur la Reuss; au centre, le viaduc de Bruckwaldboden; plus bas, le vieux pont du Diable.

A push-pull train with Deh 4/4 II No. 92 seen between the Urnerloch and the Bruckwaldboden Tunnel. On the left is the Reuss Viaduct, in the middle the Bruckwaldboden Viaduct, and in the foreground the old "Teufelsbrücke", or 'Devil's Bridge'.

94

94/95 Bei starken Schneefällen ist die Schöllenenbahn meistens die letzte Verbindung des Urserentals zur Außenwelt. Dann versucht die FO mit allen Mitteln, wenigstens diesen Abschnitt offen zu halten. Auf Bild 94 ist die HGe 4/4 I 34 zusammen mit der Xrote 4933 und dem Pflug X 4903 beim Urnerloch zu sehen.

En cas de fortes chutes de neige, la ligne des Schöllenen constitue généralement le dernier lien entre la vallée d'Urseren et le monde extérieur. La FO s'efforce donc de maintenir ouvert ce tronçon. La photo 94 montre la HGe 4/4 I 34, la «X-rot» 4933 et le chasse-neige X 4903 au niveau d'Urnerloch.

In cases of heavy snowfall, the Schöllenen line is often the Urseren Valley's only link with the outside world. So the FO does all it can to keep at least this section of the route open. Plate 94 shows HGe 4/4 I No. 34 at the Urnerloch, sandwiched between snowploughs Xrote 4933 and X 4903.

95

103

Andermatt – Disentis

An den letzten Häusern von Andermatt vorbei steigt die Trasse Richtung Oberalppaß unaufhaltsam bergwärts. Durch insgesamt drei Kehrtunnel führt die Bahnstrecke auf ihrem Zickzackweg zwischen Andermatt und Nätschen. Auf einer Gleislänge von 4482 Meter überwindet die Bahn 307 Höhenmeter. Während dieser Fahrt bietet sich dem Reisenden ein herrlicher Blick auf das Urserental und zum Furkapaß sowie hinunter auf die glattgeschliffenen Felsen der Schöllenen.

Zwischen Nätschen und dem Oberalpsee steigt die Strecke zwar stetig an, aber bei weitem nicht mehr so stark wie vorher. Im Winter verwehren auf diesem Teilstück oft meterhohe Schneemauern den Ausblick auf die Hochgebirgslandschaft. Bald ist der Oberalpsee erreicht, und nun geht es in flottem Tempo durch eine Lawinengalerie der Station Oberalppaßhöhe (2033 m ü. M.) entgegen.

Die Bahnstrecke folgt nun nach einem kurzen Tunnel zuerst der Straße, bevor sie für längere Zeit in den Calmot-Tunnels und -Galerien verschwindet. Auf seinem Weg hinunter ins Tavetsch, dem obersten Teil des Vorderrheintals, durchfährt der Zug die Ausweiche Tschamut. Weiter unten, kurz nach dem Ende der Zahnstangenstrecke, weitet sich das Tal. Nach Dieni und Rueras folgt schließlich Sedrun, die größte Ortschaft auf der Strecke zwischen Andermatt und Disentis.

Der linken Talflanke folgend überquert der Zug den imposanten Bugneiviadukt, passiert die Haltestellen Bugnei und Mompé-Tujetsch und erreicht Segnes. Nach wenigen Minuten Fahrt öffnet sich der Blick weit hinunter ins Vorderrheintal und auf Disentis, der Endstation der Furka-Oberalp-Bahn.

Andermatt – Disentis

Après avoir passé les dernières maisons d'Andermatt, la voie grimpe sans relâche en direction de Disentis. Elle franchit trois tunnels hélicoïdaux pour mener en zigzag d'Andermatt à Nätschen et escalader 307 mètres sur une distance de 4482 mètres. Cette ascension procure au voyageur un panorama magnifique sur la vallée d'Urseren et le col de la Furka, de même que sur les rochers polis des Schöllenen.

Entre Nätschen et le lac d'Oberalp, la voie ne cesse de grimper, mais la pente est moins forte qu'auparavant. En hiver, sur ce tronçon, des murs de neige privent souvent le voyageur de la vue sur les hautes montagnes. Le lac ne tarde pas à apparaître, et le train accélère maintenant le long d'une galerie pare-avalanches en direction de la station du col de l'Oberalp (2033 m).

Une fois la station quittée, la voie suit d'abord la route après un petit tunnel, avant de disparaître pour un long moment dans les galeries et les tunnels de Calmot. Dans sa descente vers le Val Tavetsch (haute vallée du Rhin antérieur), le train franchit la station d'évitement de Tschamut. Plus bas, peu après la fin du tronçon à crémaillère, la vallée s'élargit. A Dieni et Rueras succède Sedrun, la principale localité entre Andermatt et Disentis.

En longeant le flanc gauche de la vallée, le train traverse l'imposant viaduc de Bugnei, passe les stations de Bugnei et de Mompé-Tujetsch et arrive à Segnes. Au bout de quelques minutes, le panorama s'élargit vers la vallée du Rhin antérieur et Disentis, terminus de la ligne Furka-Oberalp.

From Andermatt to Disentis

Leaving Andermatt Station, the line to Disentis begins to climb even before it is clear of the town. A total of three spiral tunnels carry the railway up its switchback route between Andermatt and Nätschen. This is an impressive ascent indeed: the line rises 307 metres in just 4482 metres of track. The climb also offers superb views up the Urseren Valley to the Furka Pass, and down towards the smooth dark rock of the Schöllenen Gorge.

Between Nätschen and the Oberalp Lake, the line continues its steady ascent, though the gradient is now much less extreme. Snow walls several metres high can pile up here in winter, obscuring the view of the mountains all around. Soon the line reaches the Oberalp Lake and hurries through an avalanche gallery to Oberalp Pass Summit Station, 2033 metres above sea level.

After leaving the station, the line enters a short tunnel and then follows the pass road before plunging into the long Calmot series of tunnels and galleries. Now heading down to the Tavetsch, the uppermost part of the Vorder Rhine Valley, the train soon negotiates the Tschamut passing loop.

Further down, just after the end of the rack-and-pinion section, the valley opens out. Dieni and Rueras are passed, and then Sedrun, largest settlement on this part of the line.

The route now follows the left-hand side of the valley, traversing the impressive Bugnei Viaduct and passing through the halts at Bugnei and Mompé-Tujetsch to arrive at Segnes. A few minutes later, the landscape opens up to offer a wide vista down the Vorder Rhine Valley and across to Disentis, eastern terminus of the Furka-Oberalp Railway.

◁**96** Glacier-Express St. Moritz – Zermatt auf der Bündner Seite des Oberalppasses bei Mompé-Tujetsch.

Le Glacier-Express St-Moritz – Zermatt à hauteur de Mompé-Tujetsch, du côté grison du col de l'Oberalp.

A St. Moritz – Zermatt Glacier Express at Mompé-Tujetsch, on the Grisons side of the Oberalp Pass.

97

97–99 Zwischen Andermatt und Nätschen gewinnt die Bahn mittels mehrerer Kehrtunnel und unter Zuhilfenahme der Zahnstange mehr als 300 Höhenmeter. Alle drei Bilder entstanden im untersten Teil dieses Streckenabschnittes.

Entre Andermatt et Nätschen, la ligne gravit plus de 300 mètres grâce à plusieurs tunnels hélicoïdaux et à la crémaillère. Les trois photos montrent la partie inférieure de cette section.

Between Andermatt and Nätschen, the line uses a succession of spiral tunnels and rack-and-pinion climbs to gain over 300 metres in height. All three photos were taken near Andermatt, on the lowest part of the climb.

98

99

101

100 Nachdem sich der Hund des Bauern während längerer Zeit mit dem Fotografen dieses Bildes «befaßt» hatte, gilt sein Interesse nun glücklicherweise dem talwärts fahrenden Pendelzug, der in wenigen Minuten Andermatt erreichen wird.

Après s'être «occupé» du photographe pendant assez longtemps, le chien d'un paysan s'intéresse maintenant heureusement à la navette qui descend la vallée et atteindra Andermatt dans quelques minutes.

Having hounded the photographer, the farmer's dog in this shot thankfully turns its attention to a descending push-pull service on the approach to Andermatt.

101 Deh 4/4 II-Pendelzug unterhalb Nätschen. Über dem Steuerwagen ist das Urserental mit der Ortschaft Hospental zu sehen.

La navette Deh 4/4 II en aval de Nätschen. Par-dessus la voiture-pilote apparaissent la vallée d'Urseren et la localité de Hospental.

A Deh 4/4 II-powered push-pull unit seen below Nätschen. Above the roof of the driving trailer, the Urseren Valley and the village of Hospental can be seen.

102 Während sich die Skifahrer am Nätschen bereits in der Morgensonne tummeln, liegt das Urserental noch tief im Schatten. Gut sichtbar sind die Bannwälder von Andermatt (links), Hospental (Bildmitte) und Realp (rechts oben).

Tandis qu'à Nätschen, les skieurs se bousculent déjà dans le soleil matinal, la vallée d'Urseren est encore plongée dans l'ombre. On voit très bien les forêts de protection d'Andermatt (à gauche), de Hospental (au centre) et de Realp (en haut, à droite).

While skiers on the Nätschen enjoy the morning sun, the Urseren Valley is still deep in shadow. The woods protecting Andermatt from avalanches (left), Hospental (centre) and Realp (upper right) are all clearly shown.

102

103

104

105

103 Dem Regionalzug Disentis – Andermatt wurde in Sedrun noch zusätzlich ein Autotransportwagen angehängt.

A Sedrun, un transport de voitures a été ajouté au train régional Disentis – Andermatt.

The Disentis – Andermatt local has acquired a car-carrier wagon, added at Sedrun.

104 Vorwiegend aus älterem Rollmaterial besteht dieser Regionalzug nach Disentis.

Ce train régional à destination de Disentis se compose essentiellement de matériel roulant ancien.

Older stock is pressed into duty on a stopping service to Disentis.

105 Schneeschleuder-Komposition mit der HGm 4/4 61 auf dem Weg Richtung Oberalppaßhöhe.

Composition chasse-neige avec la HGm 4/4 61 en direction du col de l'Oberalp.

Clearing the line: HGm 4/4 No. 61, sandwiched between two snowploughs, presses on towards the summit of the Oberalp Pass.

106

106 Deh 4/4 II-Pendelzug im Abendlicht zwischen Oberalpsee und Nätschen.

Navette Deh 4/4 II dans la lumière du soir entre le lac d'Oberalp et Nätschen.

A Deh 4/4 II-powered push-pull service, seen between the Oberalp Lake and Nätschen in the evening light.

107

107 Glacier-Express mit der HGe 4/4 I 32 an der Spitze auf der langgezogenen Zahnstangen-Rampe zwischen Oberalpsee und Nätschen.

Glacier-Express et HGe 4/4 I 32 au sommet de la longue rampe à crémaillère entre le lac d'Oberalp et Nätschen.

The Glacier Express, with HGe 4/4 I No. 32 in charge, descends the long rack section between the Oberalp Lake and Nätschen.

108

108 Ein gutgelaunter Fahrgast grüßt den Fotografen aus dem bergwärts fahrenden BDeh 2/4-Pendelzug, der soeben den Oberalpsee erreicht.

Un voyageur enjoué salue le photographe de la navette BDeh 2/4, qui longe le lac d'Oberalp en direction de la montagne.

A contented passenger waves to the photographer from a BDeh 2/4-hauled push-pull unit, seen on the last few metres of its climb to the Oberalp Lake.

109

109 Die normalerweise in Pendelzügen eingesetzten Deh 4/4 II werden vereinzelt auch für Sonderaufgaben herangezogen. Hier führt der Triebwagen 96 zusammen mit der HGm 4/4 61 einen schweren Bauzug über den Oberalppaß nach Andermatt (hier unterhalb Oberalpsee).

Réservées d'habitude aux navettes, les Deh 4/4 II se voient parfois confier des tâches spéciales. Ici, en aval du lac d'Oberalp, la motrice 96 et la HGm 4/4 61 tractent un lourd train de chantier en direction d'Andermatt.

Though normally rostered on push-pull services, the Deh 4/4 II locomotives are occasionally deployed on special duties. Here No. 96 teams up with HGm 4/4 No. 61 to take a heavy works train over the Oberalp Pass to Andermatt. The composition is pictured below the Oberalp Lake.

FO

◁ **110** Absolute Windstille am Oberalpsee machte diese Aufnahme eines Richtung Zermatt fahrenden Glacier-Express möglich.

L'absence totale de vent a permis cette photographie d'un Glacier-Express longeant le lac d'Oberalp en direction de Zermatt.

With windspeed evidently zero, a Zermatt-bound Glacier Express races its reflection along the Oberalp Lake.

111

111 Wenn Ende Juni auf dem Oberalpsee die Eisdecke schmilzt, treiben Eischollen unterschiedlichster Größe auf der Wasseroberfläche.

Lorsque, fin juin, la glace fond sur le lac d'Oberalp, des glaçons de diverses tailles dérivent à la surface de l'eau.

The frozen surface of the Oberalp Lake thaws at the end of June, breaking up into ice floes of varying size.

112 Regionalzug mit alten Plattformwagen in der Station Oberalppaßhöhe – Calmot.

Train régional avec vieux wagon plateforme dans la station «Col de l'Oberalp – Calmot».

A local train composed of older open-platform cars stands at Oberalp Pass Summit-Calmot Station.

113 Ein Pendelzug fährt bei der ehemaligen Station Oberalpsee in die Zahnstange ein.

Une navette s'engage sur la crémaillère au niveau de l'ancienne station du lac d'Oberalp.

A push-pull service runs onto the rack at the site of the former Oberalp Lake Station.

112

113

114

115

116

114 Die HGe 4/4 II 103 verläßt bei strahlendem Winterwetter die Lawinenschutz-Galerie am Oberalpsee.

Par un superbe temps d'hiver, la HGe 4/4 II 103 quitte la galerie pare-avalanches située près du lac d'Oberalp.

HGe 4/4 II No. 103 emerges from the avalanche gallery at Oberalp Lake into glorious winter sunshine.

115 Am gleichen Tag wie das obere Bild enstand die Aufnahme der HGe 4/4 II 106, die hier mit einem voll beladenen Autozug Richtung Sedrun unterwegs ist.

Le même jour que sur la photo précédente, la HGe 4/4 II 106 se dirige vers Sedrun avec un plein transport de voitures.

Pictured the same day, HGe 4/4 II No. 106 heads for Sedrun with a fully-loaded "motorail" service.

116 Am Morgen eines strahlenden Oktobertages ist der BDeh 2/4 41 zwischen Nätschen und Oberalppaß unterwegs Richtung Disentis.

Par une matinée d'octobre resplendissante, la BDeh 2/4 41 circule entre Nätschen et le col de l'Oberalp, à destination de Disentis.

Between Nätschen and the Oberalp Pass, BDeh 2/4 No. 41 is seen heading for Disentis on a bright October morning.

117

117 Nur noch wenige Meter trennen diesen Zug vom Kulminationspunkt am Oberalppaß auf 2033 m ü. M.

Seuls quelques mètres séparent ce train du point culminant du col de l'Oberalp (2033 m).

This train has just a few metres to go before it breasts the Oberalp Pass summit, 2033 metres above sea level.

118

118 Kurz bevor der BDeh 2/4-Pendelzug in den langen Calmot-Tunnels und -Galerien verschwindet, bietet sich den Reisenden nochmals ein Blick auf die eindrückliche Hochgebirgswelt am Oberalppaß.

Juste avant que la navette BDeh 2/4 ne disparaisse dans les longs tunnels et galeries de Calmot, le voyageur peut encore admirer l'impressionnant paysage de haute montagne.

Travellers on this BDeh 2/4 push-pull service are offered a final glimpse of the breathtaking mountainscape of the Oberalp Pass before the train enters the long Calmot complex of tunnels and galleries.

106

120

◁ **119/120** Hoch über den Hausdächern von Tschamut, der letzten Siedlung vor dem Oberalppaß, windet sich die Bahn der steilen Talflanke entlang. Auf beiden Bildern führt die HGe 4/4 II 106 einen Regionalzug Richtung Andermatt.

Bien au-dessus des toits de Tschamut, dernier village avant le col de l'Oberalp, la ligne serpente le long du flanc de la vallée. Sur les deux photos, la HGe 4/4 II 106 tracte un train régional en direction d'Andermatt.

High above the rooftops of Tschamut, last settlement before the Oberalp Pass, the line snakes along the steep valley side. Both pictures show HGe 4/4 II No. 106 on a stopping service for Andermatt.

121

121 Auf dieser Aufnahme sind deutlich die Galerien am Südfuß des Calmut zu erkennen, die im Laufe der Zeit die einstige offene Linienführung ersetzten und heute einen durchgehenden Winterbetrieb gestatten.

Cette photo montre clairement les galeries creusées au pied sud du Calmut, en remplacement de l'ancienne ligne ouverte, afin de permettre une exploitation ininterrompue pendant l'hiver.

This picture clearly shows the avalanche galleries at the foot of the Calmut's southern flank. The galleries, constructed in phases over the years, now ensure continuous service throughout the winter season.

122

122–124 Unterhalb von Selva, bei der Kapelle Sontga Brida, treffen Bahn und Straße wieder zusammen und führen nebeneinander weiter nach Dieni.

En aval de Selva, près de la chapelle Sontga Brida, la voie ferrée et la route se rejoignent pour se côtoyer jusqu'à Dieni.

Road and rail are reunited at the Sontga Brida Chapel below the village of Selva, and run parallel into Dieni.

123

124

125

125 Ein Personenzug mit der HGe 4/4 II 107 hat soeben die Haltestelle Rueras verlassen. Über dem hinteren Zugsteil sind die Überreste eines Waldstücks zu erkennen, das am 27. Februar 1990 durch den Orkan «Vivian» zerstört wurde.

Un train de voyageurs tracté par la HGe 4/4 II 107 vient de quitter la station de Rueras. Par-dessus la queue du train, on aperçoit les restes d'une forêt détruite le 27 février 1990 par la tornade «Viviane».

This passenger service, headed by HGe 4/4 II No. 107, has just pulled away from Rueras Halt. In the background, above the tail of the train, are the remains of a wood destroyed by Hurricane Vivian on February 27, 1990.

126

126 Im Winter, wenn die Paßstraße ab Tschamut gesperrt ist, führt die FO an Wochenenden spezielle Autozüge zwischen Sedrun und Andermatt. Am 11. März 1990 ist die HGe 4/4 II mit einem voll beladenen Zug unterwegs Richtung Andermatt.

En hiver, lorsque la route du col est fermée à Tschamut, la FO assure, le week-end, le transport des voitures par trains spéciaux entre Sedrun et Andermatt. Le 11 mars 1990, la HGe 4/4 II tractait un train complet en direction d'Andermatt.

In winter, when the Oberalp Pass road is closed beyond Tschamut, the FO runs special weekend "motorail" services between Andermatt and Sedrun. An HGe 4/4 II is seen hauling a fully-laden train for Andermatt on March 11, 1990.

103

◁ **127** Die weidenden Schafe lassen sich nicht durch das Rumpeln des Zuges stören, der oberhalb der Ortschaft Rueras dem Hang entlang fährt.

Les moutons qui paissent ne semblent pas dérangés par le bruit du train longeant le coteau en amont de Rueras.

The sheep seem unconcerned by the passage of the train as it winds along the slope above Rueras village.

128

128 Unterhalb Dieni kreuzte die Bahn bis 1991 in einer engen Kurve das Val Mila. Dieser Streckenabschnitt wurde nun durch einen großen, den ganzen Einschnitt überspannenden Viadukt begradigt.

Jusqu'en 1991, en aval de Dieni, la voie franchissait par une courbe serrée le Val Mila. Aujourd'hui rectifiée, elle emprunte un long viaduc qui enjambe le vallon.

Below Dieni, up until 1991, the line made a tight curve to cross the Val Mila. Today it takes a more direct course, thanks to the provision of a large viaduct spanning the valley.

129 Bei Sedrun überquert der BDeh 2/4 41 auf einer aus Natursteinen gemauerten Brücke den Strem.

Près de Sedrun, la BDeh 2/4 41 franchit le Strem grâce à un pont maçonné de pierres naturelles.

BDeh 2/4 No. 41 and driving trailer cross the stone bridge over the Strem at Sedrun.

Furka-Oberalp
Furka-Oberalp

130

130–132 Alle drei Bilder entstanden in der Nähe der Haltestelle Bugnei, einem kleinen Dorf neben dem gleichnamigen imposanten Steinbogenviadukt.

Les trois photos ont été prises à proximité de la station de Bugnei, un petit village situé non loin de l'imposant viaduc en arc de pierres qui porte le même nom.

All three photos were taken around Bugnei Halt. The halt serves Bugnei village, which also gives its name to the impressive stone viaduct close by.

131

132

133

134

133 Zwischensaison-Glacier-Express unterhalb Segnes.

Glacier-Express en aval de Segnes pendant l'intersaison.

An off-season Glacier Express seen below Segnes.

135

134 BDeh 2/4-Pendelzug bei Segnes. Im Hintergrund von links Piz Ault, Piz Acletta und Piz Cavardiras.

Navette et BDeh 2/4 près de Segnes. A l'arrière-plan, de gauche à droite, le Piz Ault, le Piz Acletta et le Piz Cavardiras.

A BDeh 2/4-powered push-pull service pauses at Segnes. The towering peaks of Piz Ault (left), Piz Acletta (centre) and Piz Cavardiras (right) form an impressive backdrop.

135 Im Oktober 1985 absolvierte die Ge 4/4 II 632 der Rhätischen Bahn Meßfahrten im Furka-Basistunnel. Auf unserem Bild ist sie zusammen mit dem Deh 4/4 II 96, der als Bremslok für die Zahnstangenstrecken dient, oberhalb von Disentis auf dem Rückweg nach Landquart.

En octobre 1985, la Ge 4/4 II 632 du Chemin de fer rhétique a effectué des parcours de mesure dans le tunnel de base de la Furka. Ici, en amont de Disentis, elle retourne à Landquart en compagnie de la Deh 4/4 II 96, utilisée pour freiner sur le tronçon à crémaillère.

Ge 4/4 II No. 632 of the Rhaetian Railway was used on trials through the Furka Base Tunnel in October 1985. Coupled with Deh 4/4 II No. 96 to provide braking assistance on the rack-and-pinion sections, the locomotive is seen above Disentis returning to its Landquart base.

107
107
FO
Furka-Oberalp

Restaurant

◁ **136** In Disentis hat die HGe 4/4 II 107 die durchlaufenden Wagen des Glacier-Express von der RhB übernommen und führt diese nun über die erste Zahnstangenrampe Richtung Oberalppaß.

A Disentis, la HGe 4/4 II 107 a pris en charge les voitures du Glacier-Express de la RhB et leur fait franchir la première rampe à crémaillère en direction du col de l'Oberalp.

HGe 4/4 II No. 107 has taken over the Rhaetian Railway's through carriages for the Glacier Express at Disentis, and now sets out for the Oberalp with its first rack-and-pinion climb.

137

137 Den Abschluß dieses Buches bildet eine Aufnahme der fabrikneuen HGe 4/4 II 107 vor dem bekannten Benediktiner-Kloster von Disentis.

Pour clore cet ouvrage, la toute neuve HGe 4/4 II 107 passe devant le célèbre couvent de Bénédictins de Disentis.

To conclude our journey: fresh-from-the-factory HGe 4/4 II No. 107 stands at Disentis, with the famous Benedictine monastery behind.